Tanja Huber

FLORISTIK
Deko-Trends rund ums Jahr

INHALT

Es grünt so grün — Seite 5
Material & Technik — Seite 6

Frühling

Blühendes Osternest — Seite 8
Bogen mit Zwiebeln — Seite 10
Blütenschale — Seite 12
Florales Gitter — Seite 14
Stiefmütterchen — Seite 16
Kleine Nester — Seite 18

Sommer

Asiatisch — Seite 20
Topf mit Rosen — Seite 22
Herz mit Gras — Seite 24
Luftiges Gehänge — Seite 26
Kranz mit Blüten — Seite 28

Herbst

Herbstfarben — Seite 30
Blätterkugeln — Seite 32
Kranz mit Beeren — Seite 34
Kürbisgesteck — Seite 36
Auf Draht — Seite 38
Herbstliches Herz — Seite 40
Florales Windlicht — Seite 42

Winter

Türkranz mit Sternen — Seite 44
Adventsgesteck — Seite 46
Pyramide mit Äpfeln — Seite 48
Mond & Sterne — Seite 50
Mit Buchs — Seite 52
Efeu in Gold — Seite 54
Adventslicht — Seite 56

Vorlagen — Seite 58

Tanja Huber ist freischaffende Floristin. Sie leitet erfolgreich Kurse, in denen sie zeigt, wie moderne Arrangements aus Naturmaterial entstehen.

VORWORT

Es grünt so grün...

Holen Sie sich die Natur in Ihr Zuhause! Im vorliegenden Buch finden Sie zahlreiche Vorschläge für stimmungsvolle florale Dekorationen zu jeder Jahreszeit: österliche Nester mit Vergissmeinnicht, eine asiatisch inspirierte Tischdekoration, herbstliche, mit farbigen Blättern gespickte Kugeln und ein edler Wandschmuck aus vergoldeten Efeublättern.

Als Materialien dienen Pflanzen aus dem Blumenladen wie Rosen, Dahlien und Vergissmeinnicht, die mit Gräsern oder Fruchtständen aus der freien Natur, sozusagen „vom Wegrand", kombiniert werden. Lassen Sie sich von den Ideen in diesem Buch und von der Schönheit der Blüten, Blätter und Fruchtstände inspirieren.

Hier finden diejenigen Anregungen, die sich schon länger mit dem Thema „Floristik" beschäftigen. Aber auch die, die sich zum ersten Mal einen Kranz oder eine Schale gestalten wollen, werden die Modelle dank der detaillierten Anleitung erfolgreich verwirklichen können.

Ich wünsche Ihnen viel Freude beim Gestalten und gutes Gelingen.

Tanja Huber

Seite 5

MATERIAL & TECHNIK

1 Golddraht
2 Myrtendraht
3 Kupferdraht
4 Steckdraht, 0,6 mm Ø
5 Steckdraht, 1,2 mm Ø
6 Steckmasse
7 Mühlenbeckia
8 Spanndraht
9 Maschendraht
10 Kombizange
11 Rosenschere
12 Messer

Pflanzen

Mühlenbeckia (Neuseeländischer Drahtstrauch) ist Grundlage für viele Kränze und Gestecke. Dieses Material ist im Hobby- oder auch im Blumen-Fachhandel erhältlich. Die angegebenen Schnittblumen, Topfpflanzen und Blumenerde bieten Floristen an.
Für die einzelnen Objekte können selbstverständlich auch andere als die angegebenen Materialien verwendet werden. Blätter, Blüten und Fruchtstände in großer Vielfalt finden sich auch am Wegrand, im Wald oder im eigenen Garten.

Drähte

Steckdrähte in der Stärke 1,2 mm dienen dem Andrahten von Kerzen und dem Vorbohren von Steckzwiebeln, ehe sie auf feinere Steckdrähte aufgezogen werden. Steckdrähte in unterschiedlichen Dicken sind zugeschnitten in verschiedenen Längen erhältlich. Hier finden ausschließlich Steckdrähte in 40 cm Länge Verwendung.
Mit **Gold-** und **Kupferdraht** (je 0,25 mm Ø) lassen sich Filzstücke, florale Elemente und Perlen zu Girlanden verarbeiten. Diese Drähte werden auf Rollen angeboten und wirken sehr dekorativ.
Myrtendraht (0,3 mm Ø) findet für die Herstellung kleiner Kränze Verwendung. **Spanndraht** (1,2 mm Ø) mit seinem matten Glanz eignet sich zum Gestalten von dekorativen Details.

Steckmasse für Frischblumen

Steckmasse für Frischblumen ist im Hobby- oder im Blumen-Fachhandel erhältlich. Es gibt sie in Ziegelform oder auch als Kranzunterlage. Die Steckmasse lässt sich leicht mit einem Küchenmesser in der gewünschten Größe zurechtschneiden.

Hilfsmittel & Arbeitsplatz

Rosenschere, Küchenmesser, Haushaltsschere, Bleistift, Karton, Kombizange, ein altes Bügeleisen und eine kleine Schaufel sind für alle Modelle erforderlich. Diese Hilfsmittel sind in der Materialspalte nicht mehr erwähnt. Als Arbeitsplatz eignet sich am besten ein hüfthoher Tisch, der auf einem gut zu reinigenden Fußboden steht.

> **TIPP**
>
> Blätter, Zwiebeln oder Physalis mit einer spitzen Nadel oder Steckdraht (1,2 mm Ø) vorbohren, bevor sie auf dünneren Draht gefädelt werden.

Verarbeiten von Frischblumen

Damit die frischen Blumen und Zweige optimal mit Wasser versorgt sind, diese mit einem Messer schräg anschneiden. Die unteren Blätter von den Blumenstielen entfernen. Das Wasser täglich wechseln.

Girlanden herstellen

Gold- oder Kupferdraht der Länge 2 m abschneiden.

1 Perlen auf den Draht fädeln. Danach die Perle so verdrehen, dass das Material fixiert ist.

2 Filzstücke mit dem Draht umwickeln.

3 Stiele von Blättern oder Früchten mit dem Draht umwickeln.

Die Materialien im Abstand von 4 bis 5 cm befestigen. Die fertig gestellte Girlande auf dem Kranz oder dem Gesteck drapieren.

Gehänge vorbereiten

Für die Aufhängung einen Drahtstrang zurechtschneiden. Die Zweigenden mit den Enden der Drähte umwickeln. Den Zweig aufhängen.
Je nach Größe des Zweiges 30 bis 50 Kupfer- oder Golddrähte gleicher Länge zuschneiden.
Je einen Draht mittig über den Zweig hängen und die Enden unterhalb des Zweiges einmal gegeneinander verdrehen. So fortfahren, bis alle Drahtstücke befestigt sind. Anschließend Materialien in die Drähte einarbeiten.

Efeublätter vergolden

Efeublätter mit dem Bügeleisen trocken und glatt bügeln, kurz auskühlen lassen. Zunächst von einer Seite mit Goldspray (z. B. Dupli Color „Deko-Spray Effekt") besprühen und etwa eine Stunde trocknen lassen. Danach die andere Seite besprühen und trocknen lassen.

MATERIAL

- Tontopf mit Ornamenten, 9 cm hoch, 18 cm Ø
- Vergissmeinnicht-Pflanze
- 3 Thymianzweige, getrocknet
- Mühlenbeckia
- 10 Skeletonblätter, gebleicht
- Gänseei
- 15 Hühnerfedern
- 20 Holzperlen, in Weiß, in Hellblau, 7 mm Ø
- Bastelfilz in Blau, 10 x 7 cm
- Kupferdraht
- Blumenerde

FRÜHLING

Blühendes Osternest

1 Blumenerde in den Tontopf füllen und das Vergissmeinnicht einpflanzen.

2 Das untere Drittel der Pflanze lose mit Mühlenbeckiaranken und mit Kupferdraht umschlingen.

3 Die Thymianzweige locker in den Draht einweben.

4 Das Gänseei zwischen Mühlenbeckia und Vergissmeinnicht legen.

5 Die Holzperlen einzeln auf den Draht fädeln und in einem Abstand von etwa 5 cm durch Verdrehen der jeweiligen Perle fixieren. Die so entstandene Girlande drapieren.

6 Den Bastelfilz in kleine Stücke schneiden und jeweils im Abstand von etwa 4 cm an einem weiteren Stück Kupferdraht befestigen, sodass eine Girlande von etwa 1,50 m Länge entsteht. Diese lose um die Pflanze schlingen.

7 Mit Skeletonblättern und Hühnerfedern ausgestalten.

MATERIAL

- 1 Zweig Buchs
- 1 Zweig Immortellen, grün gefärbt
- 1 Haselzweig
- Mühlenbeckia
- Steckzwiebeln
- 10 Silberblätter, gebleicht
- Hanffasern, gebleicht
- Papierblüten in Weiß
- Wachsperlen in Weiß, 7 mm Ø
- Kupferdraht
- Steckdraht, 0,6 mm Ø
- Steckdraht, 1,2 mm Ø

Bogen mit Zwiebeln

1 Die Zwiebeln auf den feinen Steckdraht spießen und zum Kreis (etwa 11 cm Durchmesser) schließen. Einen Kranz mit Mühlenbeckia, den anderen mit Hanf umschlingen. Beide Kränze mit Kupferdraht locker umwinden.

2 Für die Aufhängung des Zweiges ein Stück Kupferdraht (2 m) doppelt legen. Die Enden dieses Stranges jeweils um die Enden des Zweiges schlingen. Den befestigten Draht in der Mitte fassen und aufhängen.

3 Etwa 70 Drahtstücke der Länge 45 cm schneiden und aufeinander legen. Die Enden der Drahtstücke zusammenfassen, mit Kupferdraht fest umwickeln und den Drahtstrang bogenförmig am Zweig befestigen.

4 Mit dem dicken Steckdraht zwölf Steckzwiebeln mittig mit einem Loch versehen, auf den Kupferdraht fädeln und im Abstand von etwa 4 cm durch Verdrehen der einzelnen Zwiebeln fixieren. Die Zwiebelkette locker um den Drahtbogen schlingen.

5 Die Perlen ebenfalls auf Kupferdraht ziehen und um den Bogen winden.

6 Papierblüten, kleine Buchsstücke, Silberblätter und Immortellen in den Bogen einarbeiten.

7 Die Zwiebelkränze mit Draht an den Zweig hängen.

MATERIAL

- Tonschale, flach, 35 cm Ø
- 4 Reagenzgläser, 5 cm lang, 1 cm Ø
- Mühlenbeckia
- 4 Gänseblümchen, gefüllt (Bellis)
- 2 Ranunkeln in Weiß
- 2 Zweige Lavendel
- 4 Stiele Vergissmeinnicht
- Efeuranken
- Gräser von der Wiese
- 3 Hühnereier in Braun
- Hühnerei in Weiß
- 2 Gänseeier
- 2 Wachteleier
- 20 Perlen in Rosa, 7 mm Ø
- Holzstreuteil „Blüte" in Weiß
- Bastelfilz in Rosa
- Hanf in Rosa
- Kupferdraht
- Steckdraht, 0,6 mm Ø
- Stopfnadel

Blütenschale

1 Die Mühlenbeckia in der Schale verteilen. Mit Lavendelzweigen, Efeuranke und Gräsern ausschmücken.

2 Die Öffnung eines braunen und eines weißen Hühnereis mit einer Stopfnadel so vergrößern, dass Blüten hineingesteckt werden können. Die Hühnereier mit Wasser füllen.

3 In das eine Ei zwei Ranunkeln stecken, in das andere ein Gänseblümchen, ein Efeublatt und einen Zweig Vergissmeinnicht.

4 Die gefüllten sowie die restlichen Eier und ein Stück Eierschale arrangieren.

5 Die Reagenzgläser mit Wasser füllen, in die Mühlenbeckiaranken stecken und mit Blüten bestücken.

6 Die Perlen auf Steckdraht (etwa 20 cm) ziehen. Die beiden Enden miteinander verdrehen, zum Kreis formen und den überflüssigen Draht abschneiden.

7 Die Hanffäden zu einem Strang (etwa 20 cm) zusammenfassen, mit Kupferdraht umwickeln, zu einem Kreis formen. Die Enden mit Draht fixieren.

8 Die Schale mit den Kränzchen, der Holzblüte und Filzstücken dekorieren.

MATERIAL

- Maschendraht, 35 x 50 cm, in Kupfer
- 2 Kränze aus Mühlenbeckia, 5 cm Ø
- 4 Monetablätter in Gelb
- 3 Monetablätter in Natur
- 10 Zweige Bohnenkraut oder Mühlenbeckia
- 3 Zweige Immortellen, grün gefärbt
- 20 Tulpenblätter in Rot, getrocknet
- 2 kleine Zweige Ginster
- 10 Steckzwiebeln
- Rinde
- 10 Federn
- Schneckenhäuser
- 1 Zweig mit kleinen Seidenblumen in Weiß
- 6 Holzstäbe in Orange
- 7 Wattekugeln, 2 cm Ø, in Weiß
- 6 Holzstreuteile „Blume", 4 cm, in Orange
- 5 Papierrosen, 4,5 cm, in Gelb
- 1 Nagel
- Kupferdraht

Florales Gitter

1 Zur Aufhängung des Drahtgitters ein etwa 3 m langes Stück Kupferdraht doppelt legen und an den beiden Enden des Drahtgitters befestigen. Das Drahtgitter aufhängen.

2 Bohnenkraut und Ginster senkrecht und waagerecht locker durch einzelne Maschen des Gitters ziehen.

3 Papierrosen in einzelne Maschen drücken.

4 Steckzwiebeln auf die Holzstäbe spießen. Diese durch die Maschen des Gitters weben.

5 Mit einem Nagel je ein Loch in die Schneckenhäuser bohren.

6 Mühlenbeckiakränze, Schneckenhäuser und die Holzstreuteile an einzelnen Drähten befestigen und in das Gitter hängen.

7 Die einzelnen Seidenblumen vom Zweig lösen und mit weiteren Materialien (Federn, Rinde, Tulpenblätter, Wattekugeln) Girlanden herstellen und in das Gitter hängen. Anfang und Ende der Girlanden am Gitter fixieren.

8 In die Monetablätter mit einem Nagel ein Loch bohren und mit Kupferdraht im Gitter befestigen.

MATERIAL

- 2 Stiefmütterchen (kleinblütig) in Violett, im Topf
- Stiefmütterchen in Gelb/Bordeaux, im Topf
- 3 Zweige Thymian, getrocknet
- Bastelfilz in Lila, etwa 30 x 20 cm
- Bastelfilz in Grün, etwa 30 x 20 cm
- Jutestoff, 40 x 25 cm
- 5 Streuteile „Hasen" aus Metall, 4 cm
- Hühnerei in Weiß, in Braun
- 7 Perlhuhnfedern
- 3 Hühnerfedern
- 10 Wachsperlen in Bordeaux, 8 mm Ø
- 2 Naturbastfäden, je etwa 60 cm, in Grün
- 2 Naturbastfäden, je etwa 60 cm, in Natur
- Hanf, gebleicht
- Kupferdraht

Stiefmütterchen

1 Die Töpfe der Stiefmütterchen jeweils mit Filz oder Jute umwickeln. Den lila Bastelfilz mit Bast in Grün, die Jute mit Bast in Natur umwickeln. Den grünen Bastelfilz mit einem Strang aus Hanffasern und Kupferdraht umwinden.

2 Den lila Filztopf mit dem braunen Hühnerei und Thymianzweigen dekorieren.

3 Für den Jutetopf die Wachsperlen auf Kupferdraht fädeln und als Kette in die Stiefmütterchenpflanze einarbeiten (siehe auch Anleitung Seite 7). Mit einzelnen Thymianzweigen vervollständigen. Die Metallhasen einzeln so am Kupferdraht befestigen, dass eine Kette entsteht. Die Kette um die Pflanze drapieren.

4 Den grünen Filztopf mit einigen Thymianzweigen dekorieren und mit reichlich Kupferdraht umwickeln. Einzelne Federn in den Kupferdraht stecken.

MATERIAL

- *Hühnerei in Weiß*
- *Wachtelei*
- *Hanf in Zartgelb, in Grün*
- *Glasperlen in verschiedenen Größen und Farben*
- *Kupferdraht*

Kleine Nester

1 Die Hanffasern zu einem Nest formen, mit Draht umwickeln.

2 Die Glasperlen auf den Draht fädeln und in einem Abstand von etwa 3 cm durch Verdrehen jeder einzelnen Perle fixieren (siehe auch Anleitung Seite 7).

3 Die Perlenkette um das Nest wickeln und an den Drähten des Nestes befestigen.

4 Die Eier in die Nester legen.

MATERIAL

SOMMER

Asiatisch

- Maschendraht, 65 x 35 cm, in Kupfer
- 7 Reagenzgläser, 1,7 cm Ø, 18 cm lang
- 4 Zweige
- 7 Rosen in verschiedenen Farbtönen
- 2 Kamillenblüten
- 4 Sonnenhut
- Sommergräser

1 Den Maschendraht zu einer länglichen Röhre biegen und in sich leicht verdrehen.

2 Die Zweige beliebig in die Maschen einweben.

3 Die Reagenzgläser mit Wasser füllen und durch die Maschen stecken.

4 Blüten und Gräser schräg anschneiden und in den Reagenzgläsern verteilen.

MATERIAL

- Tontopf ohne Loch, innen glasiert, 10 cm Ø, 14 cm hoch
- 10 Rosen
- Sedum (fette Henne) oder Hortensien
- Brombeerranken mit unreifen Früchten oder andere Beeren
- Mühlenbeckia
- Steckmasse
- Kupferdraht

Topf mit Rosen

1 Die Steckmasse so zurecht schneiden, dass sie oben bündig mit dem Topfrand abschließt. Die Steckmasse noch einmal herausnehmen, etwa fünf Minuten wässern und wieder in den Topf legen.

2 Rosenstiele und Brombeerranken von Dornen und Blättern befreien und auf etwa 4 cm kürzen.

3 Eine Rose als Mittelpunkt in die Steckmasse stecken. Die anderen Rosen sowie das Sedum und die Brombeeren so um den Mittelpunkt stecken, dass eine kuppelartige Form entsteht.

4 Den Rand des Gesteckes und des Topfes mit Mühlenbeckia umwickeln und mit Kupferdraht umschlingen.

5 Kleine Brombeeren und Sedumdolden am Kupferdraht befestigen.

MATERIAL

- Gras (frische, längere Halme)
- Blütenblätter (Rosen, Sonnenhut, Hortensie)
- Hagebutten
- Laubblätter
- Golddraht

VORLAGE 1 Seite 58

Herz mit Gras

1 Die Herzform von der Vorlage auf den Karton übertragen und ausschneiden.

2 Den Karton mit Gras umwickeln und mit Golddraht fixieren.

3 Das überstehende Gras nicht abschneiden, sondern zu einer Herzspitze zusammenfassen und mit Golddraht fest umwickeln.

4 Blütenblätter, Laubblätter und Hagebutten auf dem Herz nach Belieben verteilen und mit Golddraht fixieren.

MATERIAL

- 1 dicker Zweig
- 20 Silberblätter
- 2 Olivenzweige
- Rosenblätter in Rot, getrocknet
- 5 Halme Hirtentäschelkraut oder Gräser
- Kupferdraht

Siehe Anleitung Seite 7

Luftiges Gehänge

1 Für die Aufhängung des Zweiges ein Stück Kupferdraht (2 m) doppelt legen. Die Enden des gedoppelten Drahtes jeweils um die Enden des Zweiges schlingen. Den befestigten Draht in der Mitte fassen und aufhängen.

2 Etwa 50 Drähte, je 1,50 m lang, zurechtschneiden. Je einen Draht mittig über den Zweig hängen und die Enden unterhalb des Zweiges einmal gegeneinander verdrehen. So fortfahren, bis alle Drahtstücke befestigt sind.

3 Die Olivenzweige in kleine Stücke zerteilen und gleichmäßig im Drahtvorhang verteilen und durch Verdrehen fixieren.

4 Mit Hirtentäschelkraut, Rosenblättern und Silberblättern vervollständigen.

MATERIAL

- 1 Kranzunterlage aus Steckmasse, etwa 25 cm Ø
- Mühlenbeckia
- 10 Edelrosen in Crème und Rosé
- 6 Zweige Rumbarosen in Orange
- 3 Stiele Sedum (fette Henne)
- 3 Hortensienblüten in Blau
- 3 Dolden Kirschlorbeerfrüchte (oder andere Beeren, z. B. Hagebutten)
- Golddraht
- Steckdraht, 0,6 mm Ø

Kranz mit Blüten

1 Die Kranzunterlage 30 Minuten in Wasser legen.

2 Mühlenbeckia locker um die Kranzunterlage legen und mit Golddraht umschlingen (siehe Abbildung).

3 Die Stängel der Edelrosen auf etwa 3 – 4 cm kürzen und gleichmäßig verteilt in die Kranzunterlage stecken.

4 Hortensienblüten, Sedum und Rumbarosen teilen und in die Kranzunterlage stecken.

5 Den Steckdraht in etwa 10 cm große Stücke teilen. Damit die Stängel der Kirschlorbeerdolden umwickeln und in den Kranz stecken.

6 Abschließend ein paar Mühlenbeckiaranken auf den Kranz legen und mit Golddraht locker umwickeln.

MATERIAL

HERBST

- *Gras (frische, längere Halme)*
- *Laubblätter (Ginkgo)*
- *Lampionblume (Physalis)*
- *Peperoni*
- *Zierapfel, gefärbt*
- *Skeletonblätter in verschiedenen Farben*
- *Myrtendraht*

Herbstfarben

1 Den Myrtendraht etwa zehnmal lose um die Hand wickeln, dann abschneiden. Die einzelnen Drähte miteinander verzwirbeln und zu einem Kranz biegen.

2 Die Gräser zu einem langen Strang zusammenfassen, mit Myrtendraht umwickeln und zu einem Kreis formen. Die Enden mit Draht fixieren.

3 Jeweils etwa 50 cm Myrtendraht abschneiden und an einem Draht- oder Graskranz befestigen.

4 Einige Blätter zusammenrollen oder falten und mit den Früchten mittig auf den Myrtendraht ziehen.

MATERIAL

- 3 Styroporkugeln, 8 cm, 10 cm, 12 cm Ø
- Laubblätter (Birke, Efeu, Sedum sieboldii)
- Stecknadeln

Blätterkugeln

1 Das erste Blatt mit einer oder mehreren Stecknadeln auf der Kugel befestigen.

2 Von diesem Mittelpunkt ausgehend die Blätter kreisförmig anordnen und überlappend feststecken.

MATERIAL

- Kranz, 27 cm Ø, aus Mühlenbeckia
- verschiedene Fruchtstände (Hagebutten, Vogelbeeren, Callicarpa/Liebesperlenstrauch)
- Blätter in herbstlichen Färbungen
- Golddraht

Kranz mit Beeren

1 Den Kranz locker mit Golddraht umwickeln

2 Die eine Hälfte der Beeren nach und nach auf den Kranz legen und den Draht über die Stängel der Beeren führen.

3 Die übrigen Beeren an ihren Stielen einzeln so am Golddraht befestigen, dass eine Kette entsteht. Die Kette um den Kranz schlingen.

4 Weiteren Golddraht zur Befestigung und zur Dekoration um den Kranz schlingen.

5 Nach Belieben bunte Herbstblätter an freien Stellen des Kranzes am Golddraht befestigen.

MATERIAL

- Zierkürbis, etwa 12 cm Ø
- 2 Dahlien in Gelb
- Dahlie in Rosa
- Dahlie in Rot
- 4 kleine Zweige Efeu mit Fruchtständen
- 2 Zweige Fette Henne (Sedum)
- Hanffaser in Gelb, in Orange
- Kupferdraht
- Steckmasse (1/2 Ziegel)

Kürbisgesteck

1 Das obere Drittel des Kürbisses mit einem Messer abtrennen. Diesen Deckel abnehmen und den größeren Teil aushöhlen. Die Steckmasse so zurechtschneiden, dass sie oben bündig mit dem Kürbisrand abschließt.

2 Die Steckmasse noch einmal herausnehmen, etwa fünf Minuten wässern und wieder in den Kürbis legen.

3 Dahlienstiele von Blättern befreien und auf etwa 4 cm kürzen.

4 Eine Dahlie als Mittelpunkt in die Steckmasse stecken. Die anderen Dahlien sowie das Sedum und die Efeubeeren so um den Mittelpunkt einstecken, dass eine kuppelartige Form entsteht.

5 Den Rand des Gestecks mit den Hanffasern umwickeln und mit Kupferdraht umschlingen.

MATERIAL

- Peperoni
- Ginkgoblätter oder andere Laubblätter
- Steckdraht, 0,6 mm Ø

Auf Draht

Mit Ginkgo

1 Die Blätter rollen und mittig auf den Draht spießen.

2 Die beiden Drahtenden miteinander zum Kranz verbinden.

Mit Peperoni

1 Die Peperoni auf den Steckdraht ziehen.

2 Den Draht zu einem Kranz biegen, die Enden verbinden.

TIPP

Sollten die Peperoni sehr scharf sein, empfiehlt es sich, Einweghandschuhe zu tragen. Sonst haftet die Schärfe an den Fingern und bei Berührungen im Gesicht oder in der Augenpartie kann es zu Reizungen kommen.

MATERIAL

- *Maschendraht, 130 x 35 cm*
- *Heu*
- *15 Lampionblumen (Physalis)*
- *15 Peperoni*
- *etwa 20 Papierröschen in Orange, angedrahtet*
- *4 Dolden Vogelbeeren oder andere Beeren*
- *etwa 30 Efeublättter*
- *Golddraht*

VORLAGE 4   Seite 60

Herbstliches Herz

1 Den Maschendraht zu einer länglichen Rolle formen und in der Mitte knicken, sodass zwei gleich lange Hälften entstehen. Die Enden in Herzform biegen und zusammenfügen. Dabei bildet der Knick die Herzspitze (siehe Abbildung).

2 Das Heu auf dem Drahtherz verteilen und mit Golddraht umwickeln.

3 Lampionblumen unter den Draht schieben, eventuell nochmals mit Golddraht umwickeln. Papierröschen gleichmäßig auf dem Herz verteilen, die Drahtenden ins Heu stecken.

4 Peperoni und kleine Dolden der Vogelbeeren einzeln an ihren Stielen so am Golddraht befestigen, dass jeweils eine lange Kette entsteht. Beide Ketten locker um das Herz winden und mit Golddraht befestigen.

5 Das Herz mit Efeublättern ausgestalten.

MATERIAL

- Maschendraht, 35 x 35 cm
- 1 Stumpenkerze, 5 cm Ø, in Weiß, 10 cm
- 1 Glas, 13 cm Ø, konisch, 11 cm
- Mühlenbeckia
- 4 Peperoni
- 10 Lampionblumen (Physalis)
- 1 Zweig Silberblatt
- 10 Ahornfruchtstände
- 4 Skeleton-Blätter in Grün
- 10 Goldperlen, 7 mm Ø
- Golddraht

Siehe Anleitung Seite 7

TIPP

Darauf achten, dass kein brennbares Material in der Nähe der Kerzenflamme angebracht ist. Das Windlicht nicht unbeaufsichtigt brennen lassen!

Florales Windlicht

1 Maschendraht zur Halbschale formen.

2 An der Drahtschale vier Drähte zur Aufhängung befestigen. Dazu den Draht doppelt nehmen, damit die Aufhängung stabiler wird. Die Länge der Drähte dem Platz, an dem es aufgehängt werden soll, angleichen. Alle vier Drähte zusammenfassen und am Drahtende eine Schlaufe bilden. Die Drahtschale zum Weiterarbeiten aufhängen.

3 Das Windlicht in die Schale stellen.

4 Mühlenbeckia und Golddraht um die Maschendrahtschale schlingen.

5 Girlanden aus verschiedenen Materialien (Goldperlen, Physalis, Silberblatt, Ahornfruchtstände) anfertigen und um das Gehänge wickeln.

6 Die Peperoni durch das Drahtgitter ziehen.

7 Einen kleinen Kranz aus Golddraht anfertigen und an der Spitze des Windlichtes anbringen.

WINTER

MATERIAL

- Clematisranken
- 3 Zweige Buchs
- 15 Apfelscheiben, getrocknet
- 10 Metallsterne in Gold, 4 cm Ø
- 7 Efeublätter
- 10 Zieräpfel
- 12 Glaskugeln, 1 cm Ø, in Rot, als Strauß
- Band, 7 cm breit, in Rot, 1 m
- Kupferdraht
- Goldspray
- Bügeleisen

Türkranz mit Sternen

1 Aus den Clematisranken einen Kranz schlingen. Diesen reichlich mit Kupferdraht umwickeln.

2 Den Buchs in kleine Zweigchen schneiden und zusammen mit den Apfelscheiben zwischen die Clematisranken stecken.

3 Die Metallsterne einzeln so am Kupferdraht befestigen, dass eine Kette entsteht. Diese um den Kranz legen.

4 Die einzelnen Glaskugeln aus dem Strauß lösen und auf dem Kranz verteilen.

5 Die Efeublätter vergolden (siehe Seite 7). Die Stiele einzeln mit Kupferdraht umwickeln und in den Kranz stecken.

6 Zur Aufhängung das rote Band einmal durch den Kranz schlingen und oben verknoten.

MATERIAL

- *Maschendraht, 50 x 35 cm*
- *4 Stumpenkerzen, 5 cm Ø, in Weiß, 10 cm*
- *Metall-Kerzenhalter, 5 cm Ø*
- *Mühlenbeckia*
- *Heu*
- *7 Limettenscheiben, getrocknet*
- *10 Kiefern-Zapfen, klein*
- *3 Zweige Buchs*
- *5 Zimtstangen*
- *10 Ingwerstücke*
- *15 Papierröschen in Weiß, angedrahtet*
- *10 Perlen in Crème, 1 cm Ø, angedrahtet*
- *Engelshaar in Champagner*
- *Golddraht*
- *Steckdraht, 1,2 mm Ø*

Adventsgesteck

1 Den Maschendraht zu einer Rolle formen (50 cm Länge). Reichlich Heu fest um den Maschendraht wickeln. Mühlenbeckia locker um die Stange wickeln und mit Golddraht fixieren.

2 Die Kerzen mit Metall-Kerzenhaltern anbringen, die Papierröschen und Kugeln gleichmäßig verteilt einstecken. Engelshaar locker auf dem Gesteck verteilen.

3 Buchs, Zimtstangen und die getrockneten Limetten in kleine Stücke teilen. Die einzelnen Materialien so an einem Golddraht befestigen, dass verschiedene Girlanden entstehen. Die einzelnen Ketten um die Stange dekorieren.

4 Die Zapfen und Ingwerstücke ebenfalls an zwei Golddrähten befestigen und um das Gesteck winden.

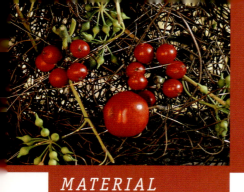

MATERIAL

- *Tontopf, 12 cm Ø*
- *Maschendraht, 60 x 35 cm*
- *Mühlenbeckia*
- *Exotico (Eukalyptusfruchtstand)*
- *3 Zweige Stechpalme (Ilex) mit Blättern und Früchten*
- *20 Zieräpfel*
- *Kupferdraht*

Pyramide mit Äpfeln

1 Den Maschendraht zu einem Kegel rollen und mit der Spitze nach oben in den Tontopf drücken. Mit Mühlenbeckia bedecken und mit reichlich Kupferdraht umschlingen.

2 Das Exotico, die Ilexbeeren und einzelne Ilexblätter in die Pyramide stecken.

3 Die Zieräpfel mit ihren Stielen an einem Stück Kupferdraht befestigen, sodass eine Girlande entsteht, und gleichmäßig auf dem Gesteck verteilen.

MATERIAL

- 6 Limettenscheiben, getrocknet
- 1 Orangenscheibe, getrocknet
- 2 Weihnachtskugeln in Gold, 2 cm Ø
- 1 Weihnachtskugel in Rot, 3 cm Ø
- 1 Weihnachtskugel in Weinrot, 1,5 cm Ø
- 1 Zweig Exotico (Eukalyptusfruchtstand)
- 1 Zweig rosa Pfeffer
- Rosenblätter in Orange, in Rot, getrocknet
- 1 Zweig Eibe
- 1 Zweig Buchs
- Heu oder Gras
- Engelshaar
- Golddraht
- Spanndraht, 1,2 mm

VORLAGEN 2, 3 Seiten 58, 59

Mond & Sterne

1 Den Spanndraht in Form biegen (siehe Vorlagen). Die Enden des Drahtes in sich verdrehen.

2 Den Stern und Mond mit Heu umwickeln und dieses mit Draht fixieren.

3 Eine Limettenscheibe, den Pfefferzweig, Buchs und Eibe in kleine Stücke teilen.

4 Die verschiedenen Materialien abwechselnd auf dem Stern oder Mond verteilen und mit dem Golddraht umwickeln.

5 Den Stern mit ein wenig Engelshaar umwickeln.

6 Zur Aufhängung des Sterns und Mondes zwei Golddrähte à 70 cm abschneiden. Den Draht am Stern oder Mond fixieren. Zweige, Kugeln und Fruchtstände in 1 bis 4 cm Abstand am Draht anbringen.

MATERIAL

- 2 Tontöpfe, 13 cm Ø, 12 cm
- 1 Stumpenkerze, 4,5 cm Ø, in Weiß, 7 cm
- Metall-Kerzenhalter, 5 cm Ø
- 1 kleine Buchspflanze
- Mühlenbeckia
- 4 Peperoni, getrocknet
- Rosenblätter in Orange
- 7 Anissterne
- 2 Orangenscheiben, getrocknet
- 15 Weihnachtskugeln in Kupfer, angedrahtet, 1,5 cm Ø
- 3 Metallsterne in Gold, 3 cm
- 7 Holzstreuteile mit weihnachtlichen Motiven, 2 x 2 cm
- Engelshaar in Gold
- Steckdraht 1,2 mm
- Golddraht
- Steckmasse
- 1 Gefrierbeutel
- Blumenerde

Mit Buchs

Mit Kerze

1 Die Steckmasse so zurechtschneiden, dass sie oben bündig mit dem Topfrand abschließt. Die Steckmasse noch einmal herausnehmen, etwa fünf Minuten wässern. In einem Gefrierbeutel in den Topf legen. Überstehende Teile des Beutels zwischen den Topfrand und die Steckmasse drücken.

2 Die Kerze auf einem Metall-Kerzenhalter mittig in den Topf stecken.

3 Buchs in kleine Stücke teilen und um die Kerze in die Steckmasse stecken.

4 Das Engelshaar um den Topfrand legen und mit reichlich Golddraht umwickeln. Mit Kugeln ausschmücken.

5 Eine Girlande aus Anis und Golddraht anfertigen und um das Gesteck winden.

Mit Sternen

1 Die Buchspflanze in den Tontopf pflanzen. Mühlenbeckia und Engelshaar um die Pflanze wickeln und mit Golddraht fixieren.

2 Die Orangenscheiben zerkleinern. Aus den verschiedenen Materialien (Orange, Peperoni, Sterne, Rosenblätter und Holzstreuteile) Girlanden herstellen und um den Buchs wickeln. Mit den Kugeln ausgestalten.

MATERIAL

- 20 Efeublätter
- 2 Stiele Exotico (Eukalyptusfruchtstand)
- Zimtstange, etwa 30 cm
- Golddraht
- Goldspray
- Bügeleisen

Siehe Anleitung Seite 7

Efeu in Gold

1 Für die Aufhängung der Zimtstange ein Stück Golddraht (1,50 m) abschneiden und doppelt legen. Ein Ende des doppelten Drahtes um das eine Ende und das andere Ende des doppelten Drahtes um das andere Ende der Zimtstange wickeln. Den doppelten Draht an der Mitte fassen und aufhängen.

2 Etwa 30 Drähte der Länge 1 m zuschneiden. Je einen Draht mittig über den Zweig hängen und die Enden unterhalb des Zweiges einmal gegeneinander verdrehen. So fortfahren, bis alle Drahtstücke befestigt sind.

3 Die Efeublätter vergolden (siehe Seite 7) und mit dem Exotico an den Drähten befestigen. Dazu die Stängel mit den herabhängenden Drähten umwinden.

MATERIAL

- 1 Stumpenkerze, 7 cm Ø, in Orange, 12 cm
- Mühlenbeckia
- 10 Anissterne
- Rosenblätter in Rot
- 1 Zweig Taxus
- 3 Orangenscheiben, getrocknet
- 10 Metallsterne in Gold, 1 cm
- 1 Zweig rosa Pfeffer
- 1 Stück Rinde
- Engelshaar

Adventslicht

1 Mühlenbeckia zu einem Kranz formen, der so groß ist, dass die Stumpenkerze hineinpasst.

2 Den Kranz mit Golddraht locker umwickeln.

3 Taxus teilen und die Stücke gleichmäßig auf dem Kranz verteilen und in die Mühlenbeckiaranken stecken.

4 Orangenscheiben, Rinde und Pfeffer in kleine Stücke teilen.

5 Girlanden aus den verschiedenen Materialien (Sterne, Pfeffer, Orangen, Rinde, Anis, Rosenblätter) anfertigen und locker um den Kranz winden.

6 Den Kranz mit Engelshaar ausschmücken.

VORLAGEN

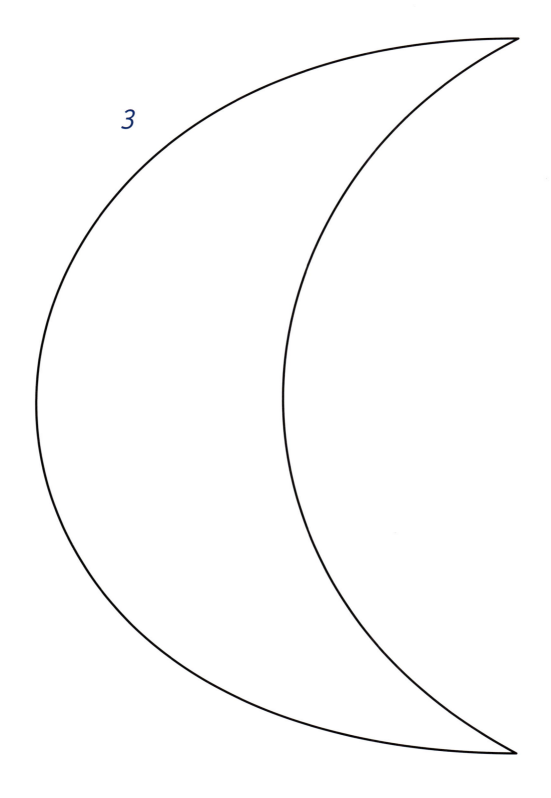

3

Seite 59

4

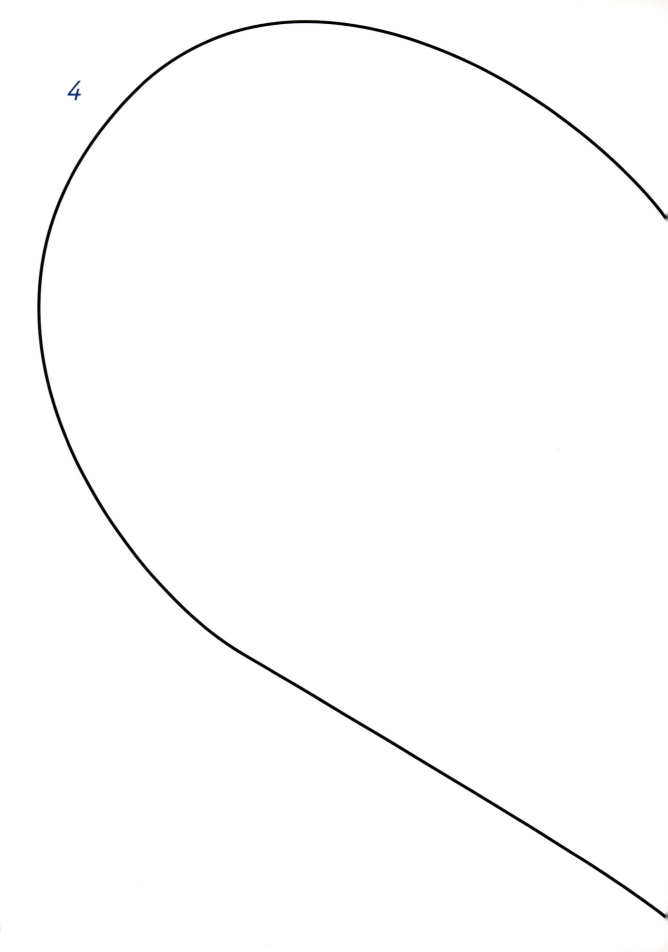

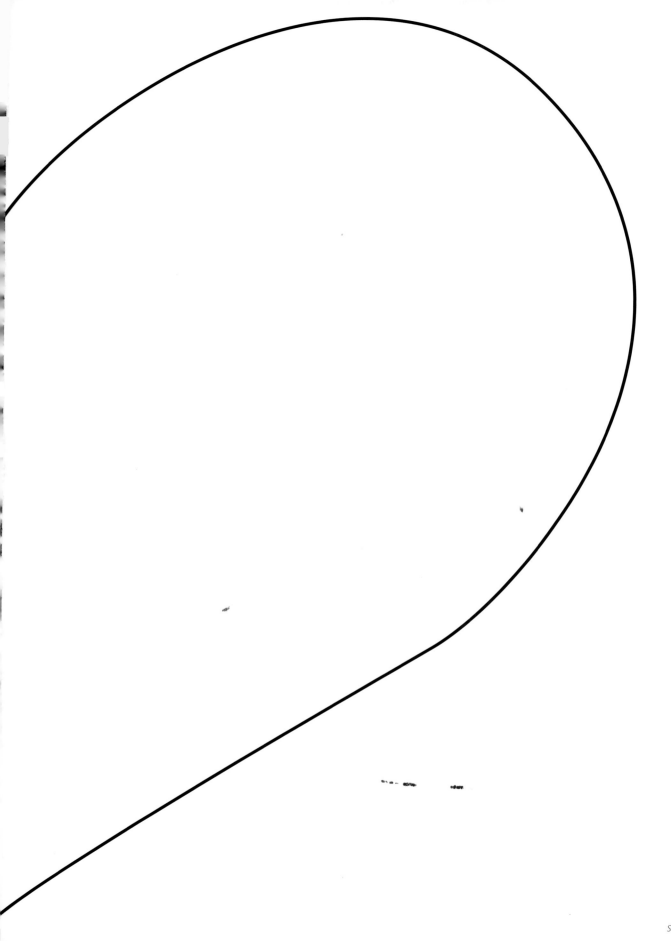

Weitere Titel aus dieser CHRISTOPHORUS-Reihe

IMPRESSUM

© Christophorus
im Verlag Herder
Freiburg im Breisgau 2005
Alle Rechte vorbehalten –
Printed in Germany
ISBN-13: 978-3-419-53272-0
ISBN-10: 3-419-53272-5

3. Auflage 2007

Dieses Buch und alle darin gezeigten Modelle sind urheberrechtlich geschützt. Jede gewerbliche Nutzung der Arbeiten und Entwürfe, ein Nachdruck, auch auszugsweise, sowie die Verbreitung durch Fotokopien, Internet und elektronische Medien, durch Film, Funk und Fernsehen ist untersagt und wird zivil- und strafrechtlich verfolgt. Bei Anwendung im Unterricht und in Kursen ist auf dieses Buch hinzuweisen.

Lektorat:
Anja Huss, Freiburg

Styling und Fotos:
Roland Krieg, Waldkirch

Layoutentwurf:
Network!, München

Gesamtproduktion:
art und weise, Freiburg

Druck:
Himmer, Augsburg

Wir sind für Sie da, wenn Sie Fragen haben. Und wir interessieren uns für Ihre eigenen Ideen und Anregungen. Schreiben Sie uns, wir hören gerne von Ihnen!
Ihr Christophorus-Team

Verlag Herder GmbH
Christophorus-Verlag
Hermann-Herder-Str. 4
79104 Freiburg
Tel. 0761/27 17 - 0
Fax 0761/27 17 - 352
oder e-mail:
info@christophorus-verlag.de
www.christophorus-verlag.de

ISBN-13: 978-3-419-53328-4
ISBN-10: 3-419-53328-4

ISBN-13: 978-3-419-53329-1
ISBN-10: 3-419-53329-2

ISBN-13: 978-3-419-53333-8
ISBN-10: 3-419-53333-0